BEI GRIN MACHT SICH IHR WISSEN BEZAHLT

Finanz- und Kostenmanagement

Vollkostenrechnung versus Teilkostenrechnung, Sachfragen zur betrieblichen Finanzpolitik, Life-Cycle-Costing

Leon Geyer

GRIN ☺

Bibliografische Information der Deutschen Nationalbibliothek:

Die Deutsche Nationalbibliothek verzeichnet diese Publikation in der Deutschen Nationalbibliografie; detaillierte bibliografische Daten sind im Internet über http://dnb.d-nb.de abrufbar.

ISBN: 9783346979568
Dieses Buch ist auch als E-Book erhältlich.

Einsendeaufgabe

Prüfung im Modul Finanz- und Kostenmanagement BFIKOM

Aufgabennummer:

Alternative B

Modul:

Finanz- und Kostenmanagement BFIKOM

Studiengang:

Betriebswirtschaft B.A.

Verfasser:

Leon Geyer

Inhaltsverzeichnis

Seite

Aufgabe 1

1.1. Vollkostenrechnung

1.1.1. Erklärung der Vollkostenrechnung

Die Vollkostenrechnung ist ein traditioneller Ansatz zur Kostenrechnung und -zuordnung in Unternehmen. Sie verfolgt das Ziel, sämtliche Kosten, sowohl fixe als auch variable, in die Kalkulation einzubeziehen, um die Gesamtkosten eines Produkts, einer Dienstleistung oder eines Projekts zu ermitteln (Coenenberg et al, 2016, S.73).

In der Vollkostenrechnung werden alle Kostenarten berücksichtigt. Das bedeutet, dass sowohl die fixen Kosten als auch die variablen Kosten in die Berechnungen einfließen. Fixe Kosten sind Aufwendungen wie Miete, Gehälter, Abschreibungen und Versicherungsprämien, die unabhängig von der Produktionsmenge oder dem Umsatz des Unternehmens anfallen. Variable Kosten umfassen Materialkosten, direkte Arbeitskosten und andere Kosten, die sich direkt mit der Produktion oder dem Verkauf eines Produkts ändern.

Bei der Vollkostenrechnung werden die fixen Kosten auf die einzelnen Produkte oder Dienstleistungen verteilt. Dies erfolgt oft auf der Grundlage von Annahmen oder Schlüsselkennzahlen, wie beispielsweise der Produktionsmenge oder dem Umsatzanteil eines Produkts im Vergleich zum Gesamtumsatz des Unternehmens (Coenenberg et al, 2016, S.70).

Ein Nachteil der Vollkostenrechnung ist, dass sie dazu neigen kann, die Kosten pro Einheit bei niedriger Produktionsmenge zu überschätzen. Dies liegt daran, dass die fixen Kosten auf weniger produzierte Einheiten verteilt werden, was zu höheren Stückkosten führt. Dies kann in der Entscheidungsfindung problematisch sein, da die Vollkostenrechnung in solchen Fällen möglicherweise zu unrentablen Entscheidungen führt (vgl. Coenenberg et al, 2016, S.138).

Die Vollkostenrechnung bietet zwar eine umfassende Sicht auf die Kostenstruktur eines Unternehmens, ist jedoch in vielen Fällen weniger nützlich für die interne Entscheidungsfindung. Dies liegt, wie bereits erwähnt daran, dass sie nicht immer genau zeigt, wie sich Änderungen in der Produktionsmenge oder Preisen auf die Rentabilität auswirken.

1.1.2. Anwendungsbereiche der Vollkostenrechnung:

Die Vollkostenrechnung ist eine Methode zur Erfassung und Zuordnung aller Kosten, sowohl der variablen als auch der fixen Kosten, auf die hergestellten Produkte oder erbrachten Dienstleistungen. Folgend werden die Anwendungsbereiche im Einzelnen erklärt (vgl. Weber & Schäffer, 2014, S. 141 und Gabler Wirtschaftslexikon, 2018).

1. Kostenkalkulation und Preisbildung

Die Vollkostenrechnung ermöglicht Unternehmen, die vollständigen Herstellungskosten eines Produkts oder die Bereitstellungskosten einer Dienstleistung zu ermitteln.

Beispiel: Ein Maschinenbauunternehmen verwendet die Vollkostenrechnung, um die Gesamtkosten für die Herstellung eines bestimmten Industrieroboters zu berechnen, einschließlich Materialkosten, Arbeitskosten und anteiliger Gemeinkosten. Auf dieser Grundlage setzen sie den Verkaufspreis fest.

2. Budgetierung und finanzielle Planung:

Die Vollkostenrechnung hilft bei der Erstellung von Budgets, indem sie alle erwarteten Kosten in die Planung einbezieht, um die finanzielle Stabilität sicherzustellen.

Beispiel: Ein Krankenhaus verwendet die Vollkostenrechnung, um ein jährliches Budget zu erstellen, das Gehälter, medizinische Versorgung, Verwaltungsausgaben und die Instandhaltung von Gebäuden und Ausrüstungen umfasst.

3. Kostenvergleich und Rentabilitätsanalyse

Unternehmen verwenden die Vollkostenrechnung, um die Rentabilität verschiedener Produkte oder Dienstleistungen zu vergleichen und die Gewinnbeiträge jeder Produktlinie zu ermitteln.

Beispiel: Ein Lebensmittelhersteller analysiert die Vollkosten jeder Produktlinie, um herauszufinden, welche Produkte den höchsten Gewinn erzielen, und kann so entscheiden, ob sie ihre Ressourcen auf rentable Produkte konzentrieren sollten.

4. Kostenkontrolle und Effizienzsteigerung

Vollkostenrechnung ermöglicht Unternehmen, die tatsächlichen Kosten mit den geplanten Kosten zu vergleichen und Abweichungen zu identifizieren, um Kosten zu kontrollieren und effizientere Geschäftsprozesse zu entwickeln.

Beispiel: Ein IT-Unternehmen verwendet die Vollkostenrechnung, um sicherzustellen, dass die Kosten für die Softwareentwicklung im Rahmen des Budgets liegen und identifiziert Bereiche, in denen Einsparungen erzielt werden können.

5. Bewertung von Investitionen

Vollkostenrechnung hilft bei der Beurteilung der Rentabilität von Investitionen, indem sie alle Kosten eines Projekts, einschließlich Anschaffungskosten und zukünftiger Betriebskosten, einbezieht.

Beispiel: Ein Energieunternehmen verwendet die Vollkostenrechnung, um die Rentabilität eines neuen Kraftwerksprojekts zu bewerten, wobei sowohl die Baukosten als auch die Betriebskosten berücksichtigt werden.

1.1.3. Das Prinzip der Vollkostenrechnung am Beispiel einer Modemarke

Eine Modemarke verwendet die Vollkostenrechnung, um den Preis für ein bestimmtes Kleidungsstück festzulegen. Bei dieser Methode werden alle Kosten, sowohl fixe als auch variable, in die Preisgestaltung einbezogen. Zu den fixen Kosten gehören beispielsweise die Mietkosten für Ladenflächen, Gehälter des Verwaltungspersonals und Marketingausgaben. Zu den variablen Kosten zählen die Materialkosten, Arbeitskosten für die Herstellung des Kleidungsstücks und die Verpackungskosten. Angenommen, die Gesamtkosten für die Produktion eines bestimmten Kleidungsstücks betragen 50 Euro. Diese Kosten setzen sich aus 20 Euro fixen Kosten und 30 Euro variablen Kosten zusammen. Wenn die Modemarke eine angemessene Gewinnmarge hinzufügt, könnte der Verkaufspreis für das Kleidungsstück 70 Euro betragen. In diesem Fall sind die 70 Euro notwendig, um alle Kosten zu decken, einschließlich der fixen Kosten, und um einen Gewinn zu erzielen. Auch können hiermit Vergleiche zwischen den einzelnen Produkten gezogen werden, um gegebenenfalls wirtschaftlich weniger rentable Produkte aus dem Sortiment zu nehmen. Des Weiteren werden im Rahmen der Vollkostenrechnung alle Produktionsschritte, sowie Materialien und Lieferketten unter die Lupe genommen, um ineffiziente Elemente zu verbannen. Auch zur Bewertung neuer Projekte, für die hohe Investitionen nötig sind, ist die Vollkostenrechnung hilfreich. Ein Beispiel hierfür könnte die Eröffnung eines Geschäfts in einer neuen Stadt sein.

1.2. Teilkostenrechnung

1.2.1. Erklärung der Teilkostenrechnung

Die Teilkostenrechnung, auch bekannt als Deckungsbeitragsrechnung, ist ein alternativer Ansatz zur Kostenrechnung. Im Gegensatz zur Vollkostenrechnung konzentriert sich die Teilkostenrechnung nur auf die variablen Kosten und betrachtet die fixen Kosten als periodische Aufwendungen, die nicht direkt den Produkten zugeordnet werden. Die Teilkostenrechnung berücksichtigt ausschließlich die variablen Kosten, die sich direkt mit der Produktion oder dem Verkauf eines Produkts ändern. Fixe Kosten werden nicht auf die Produkte verteilt (Coenenberg et al, 2016, S.165-166).

Die Teilkostenrechnung ist besonders nützlich für die interne Entscheidungsfindung. Sie liefert Informationen über den Deckungsbeitrag, der angibt, wie viel Beitrag jedes Produkt zur

Deckung der fixen Kosten und zur Generierung von Gewinn leistet (Coenenberg et al, 2016, S.165-166). Dies ist hilfreich bei Entscheidungen zur Preisgestaltung, Produktionsmengen und Produktportfolios.

Die Teilkostenrechnung ist flexibler und genauer als die Vollkostenrechnung, wenn es darum geht, kurzfristige operative Entscheidungen zu treffen. Sie zeigt, wie sich Änderungen in der Produktionsmenge, Verkaufspreisen oder Kostenstrukturen auf die Rentabilität auswirken.

1.2.2. Anwendungsbereiche der Teilkostenrechnung:

Die Teilkostenrechnung, auch als Deckungsbeitragsrechnung bekannt, ist eine Methode zur Ermittlung und Analyse der variablen Kosten, die mit der Produktion von Produkten oder der Erbringung von Dienstleistungen verbunden sind. Folgend werden die einzelnen Anwendungsbereiche der Teilkostenrechnung im Detail erklärt (Macha, 2006, S. 20 und Mumm, 2015, S. 260).

- **Kostenermittlung und Preisbildung**

Die Teilkostenrechnung ermöglicht Unternehmen, die variablen Kosten zu identifizieren, die unmittelbar mit der Herstellung eines Produkts oder der Erbringung einer Dienstleistung verbunden sind, um fundierte Entscheidungen bei der Festlegung von Verkaufspreisen zu treffen.

Beispiel: Ein Café verwendet die Teilkostenrechnung, um die variablen Kosten wie Kaffeebohnen, Milch und Zucker zu erfassen, um den Verkaufspreis für einen Cappuccino festzulegen.

- **Break-even-Analyse und Gewinnplanung**

Die Teilkostenrechnung hilft Unternehmen dabei, den Punkt zu ermitteln, an dem die erzielten Einnahmen die Gesamtkosten decken und somit keinen Gewinn oder Verlust erzielen (Break-even-Point). Dies ermöglicht eine bessere Gewinnplanung.

Beispiel: Ein Konzertveranstalter verwendet die Teilkostenrechnung, um festzustellen, wie viele Eintrittskarten für ein Konzert verkauft werden müssen, um die variablen und festen Kosten der Veranstaltung zu decken.

- **Produktentscheidungen und Sortimentsgestaltung:**

Unternehmen nutzen die Teilkostenrechnung, um die Deckungsbeiträge verschiedener Produkte oder Dienstleistungen zu vergleichen und zu entscheiden, welche Produkte im Portfolio bleiben sollen.

Beispiel: Ein Elektronikhersteller analysiert die Deckungsbeiträge seiner Produktlinien, um zu entscheiden, ob die Produktion eines älteren Produkts eingestellt werden sollte, da es nicht mehr ausreichend rentabel ist.

- **Kostentransparenz und Kostenkontrolle:**

Die Teilkostenrechnung ermöglicht es Unternehmen, die variablen Kosten genauer zu verfolgen und zu kontrollieren, was zur Identifizierung von Kosteneinsparungen führen kann.

Beispiel: Ein Handelsunternehmen verwendet die Teilkostenrechnung, um die variablen Lagerhaltungskosten für verschiedene Produktgruppen zu analysieren und zu ermitteln, ob es Einsparungsmöglichkeiten gibt.

- **Gewinnanalyse und Leistungsbeurteilung:**

Die Teilkostenrechnung ermöglicht eine bessere Gewinnanalyse, sie die variable Kostendeckung auf Produktebene anzeigt und somit Einblicke in die Rentabilität einzelner Produkte oder Dienstleistungen bietet.

Beispiel: Ein Buchverlag verwendet die Teilkostenrechnung, um die Deckungsbeiträge seiner Buchtitel zu analysieren und herauszufinden, welche Bücher die höchste Rentabilität erzielen.

Die Teilkostenrechnung konzentriert sich auf die variablen Kosten und ist besonders nützlich für Unternehmen, die Produkte oder Dienstleistungen mit unterschiedlichen Deckungsbeiträgen anbieten. Sie ermöglicht eine detaillierte Analyse der Profitabilität und unterstützt bei der strategischen Planung und Entscheidungsfindung.

1.2.3. Das Prinzip der Teilkostenrechnung am Beispiel einer Modemarke

Wenn dieselbe Modemarke die Teilkostenrechnung anwendet, würde sie nur die variablen Kosten bei der Preisfestlegung berücksichtigen. In diesem Fall würden nur die direkten Kosten für die Herstellung des Kleidungsstücks, einschließlich Materialkosten und Arbeitskosten, berücksichtigt.

Angenommen, die variablen Kosten für die Herstellung des Kleidungsstücks betragen 30 Euro. Um einen angemessenen Gewinn zu erzielen, könnte die Modemarke beschließen, einen

Aufschlag von 50% auf die variablen Kosten zu legen. Der Verkaufspreis für das Kleidungsstück würde dann 45 Euro betragen.

Aufgabe 2

2.1. Sachfrage 1: Die Kapitalstruktur eines Unternehmens

Die Frage der Kapitalstruktur eines Unternehmens ist ein zentraler Aspekt der betrieblichen Finanzpolitik und eng mit der Risikopolitik verknüpft. Die Kapitalstruktur bezieht sich auf die Mischung aus Eigenkapital und Fremdkapital, die ein Unternehmen verwendet, um seine Geschäftsaktivitäten zu finanzieren. Die Wahl der richtigen Kapitalstruktur hat erhebliche Auswirkungen auf die finanzielle Stabilität, die Rentabilität und das Risiko des Unternehmens. Im Folgenden werden verschiedene Aspekte der Kapitalstruktur und deren Bedeutung erläutert:

1. Eigenkapital vs. Fremdkapital

Die Kapitalstruktur umfasst zwei Hauptkomponenten:

- **Eigenkapital:** Dieses kann auf 2 verschiedene Arten in das Unternehmen fließen. Zum einen in Form der Beteiligungsfinanzierung, also das von den Eigentümern eingebrachte Kapital. Zum anderen durch die sogenannte Selbstfinanzierung wie etwa selbst erwirtschaftete Gewinnrücklagen (vgl. Olfert & Rahn, 2008, S. 253). Es ist eine Form von dauerhaftem Kapital und birgt keine vertraglichen Zahlungsverpflichtungen.
- **Fremdkapital:** Wird von Dritten zur Verfügung gestellt, wodurch es Schulden darstellt. Hierbei kann es sich beispielsweise um die Aufnahme eines Kredits oder Darlehens handeln (vgl. Olfert & Rahn, 2008, S. 330).

2. Einfluss auf die finanzielle Stabilität:

Die Kapitalstruktur beeinflusst die finanzielle Stabilität des Unternehmens. Ein höherer Anteil an Fremdkapital kann zu höheren finanziellen Risiken führen, da das Unternehmen regelmäßige Zinszahlungen leisten muss, unabhängig von seiner Gewinnsituation. Wenn das Unternehmen Schwierigkeiten hat, diese Zahlungen zu leisten, kann es in finanzielle Schwierigkeiten geraten. Ein hoher Anteil an Eigenkapital stärkt daher nicht nur die Stabilität des Unternehmens und gibt dadurch Sicherheit, sondern erhöht auch die Kreditwürdigkeit (vgl. Leopold/Frommann, 1998, S. 10.)

3. Einfluss auf die Rentabilität:

Die Kapitalstruktur hat auch Auswirkungen auf die Rentabilität des Unternehmens. Fremdkapital kann die Eigenkapitalrendite erhöhen, da es die Hebelwirkung nutzt, welche auch als „Leverage-Effekt" bezeichnet wird. Dies bedeutet, dass mit einem höheren Einsatz von Fremdkapital unter bestimmten Bedingungen eine Erhöhung der Eigenkapitalrentabilität eintreten kann (Wöhe & Döring, 2008, S.661). Dies ist der Fall, wenn die Rendite auf das investierte Gesamtkapital, also Eigenkapital plus Fremdkapital, höher ist als die Kosten für das Fremdkapital. Wenn demnach ein Unternehmen einen Gewinn erwirtschaftet, der die Kosten des Fremdkapitals übersteigt, erhöht sich der verbleibende Gewinn, der den Eigenkapitalinhabern gehört. Dies führt zu einer höheren Eigenkapitalrendite, da der Gewinn im Verhältnis zum eingesetzten Eigenkapital steigt.

4. Einfluss auf die Risikopolitik:

Die Kapitalstruktur ist ein wichtiger Bestandteil der Risikopolitik eines Unternehmens. Eine hohe Verschuldung kann das Risiko eines Zahlungsausfalls erhöhen und die finanzielle Flexibilität des Unternehmens einschränken. Andererseits kann eine zu hohe Eigenkapitalquote das Unternehmen daran hindern, die Vorteile der eben genannten Hebelwirkung zu nutzen. Generell erlaubt ein hoher Anteil an Eigenkapital einem Unternehmen allerdings, mehr Investitionsrisiko einzugehen, als einem, welches über weniger Eigenkapital verfügt.

5. Einfluss auf die Wachstumsstrategie:

Die Wahl der Kapitalstruktur kann auch die Wachstumsstrategie des Unternehmens beeinflussen. Eine geringere Verschuldung kann dazu führen, dass das Unternehmen langsamer wächst, da weniger Fremdkapital für Investitionen zur Verfügung steht. Eine höhere Verschuldung kann das Wachstum beschleunigen, birgt jedoch gleichzeitig ein höheres finanzielles Risiko.

2.1.1. Die Kapitalstruktur am Beispiel einer Modemarke

Die Aufteilung von Eigenkapital und Fremdkapital in einer Modemarke spielt eine entscheidende Rolle bei der Gestaltung ihrer finanziellen Stabilität und ihrer langfristigen Aussichten. Die Wahl, wie viel Fremdkapital, in Form von Darlehen oder Anleihen, und wie viel Eigenkapital, in Form von Investitionen der Eigentümer, verwendet wird, beeinflusst sowohl die kurzfristigen als auch die langfristigen Finanzen des Unternehmens.

Finanzielle Stabilität:

Die Kapitalstruktur hat unmittelbare Auswirkungen auf die finanzielle Stabilität einer Modemarke. Eine höhere Verschuldung kann vorübergehend zusätzliche finanzielle Mittel freisetzen, die für Investitionen in Lagerbestände, Marketingkampagnen oder die Expansion in neue Standorte verwendet werden können. Diese Flexibilität kann Vorteile bieten, aber sie geht auch mit höheren Zinsverpflichtungen einher und birgt das Risiko von Zahlungsausfällen, insbesondere in wirtschaftlich unsicheren Zeiten.

Beispiel: Eine Modemarke entscheidet sich für eine aggressive Expansion und nimmt erhebliche Kredite auf, um schnell in verschiedenen Städten neue Geschäfte zu eröffnen. Dies führt zwar zu kurzfristigem Wachstum, aber die Schuldenlast kann die finanzielle Stabilität gefährden, wenn die Umsätze nicht wie erwartet steigen.

Einfluss auf die Rentabilität (Leverage-Effekt):

Die Kapitalstruktur beeinflusst auch die Rentabilität der Modemarke. Der sogenannte Leverage-Effekt tritt auf, wenn Fremdkapital verwendet wird, um die Eigenkapitalrendite (Return on Equity, ROE) zu steigern. Dies geschieht, weil Zinsen auf Fremdkapital steuerlich absetzbar sind und weniger Eigenkapital für die Finanzierung benötigt wird. In Zeiten steigender Umsätze kann dieser Effekt die Rentabilität erhöhen. Doch in wirtschaftlich schlechteren Zeiten können hohe Schulden zu höheren Zinszahlungen und einer Verringerung der Rentabilität führen.

Beispiel: Eine Modemarke nutzt Fremdkapital, um eine ehrgeizige Marketingkampagne durchzuführen, die zu einem vorübergehenden Anstieg der Umsätze führt. Der Leverage-Effekt erhöht vorübergehend die Eigenkapitalrendite. Wenn jedoch die Umsätze stagnieren, können die Zinsen zu einer Belastung werden und die Rentabilität schmälern.

Einfluss auf die Risikopolitik:

Die Kapitalstruktur hat direkte Auswirkungen auf die Risikopolitik einer Modemarke. Eine höhere Verschuldung erhöht das finanzielle Risiko, und das Management könnte aus Vorsicht konservativere Geschäftsentscheidungen treffen, um die Schuldenlast zu bewältigen.

Beispiel: Eine Modemarke mit erheblicher Verschuldung kann in wirtschaftlich unsicheren Zeiten eine zurückhaltendere Expansionspolitik verfolgen und sich auf die Verbesserung bestehender Geschäftsbereiche konzentrieren, um das Risiko eines finanziellen Ausfalls zu minimieren.

Einfluss auf die Wachstumsstrategie:

Die Kapitalstruktur bestimmt die Wachstumsstrategie. Eine Modemarke, die stärker auf Eigenkapital setzt, kann auf langsames, nachhaltiges Wachstum abzielen. Eine höhere Betonung des Fremdkapitals kann dagegen schnelleres, aber auch riskanteres Wachstum ermöglichen.

Beispiel: Eine Modemarke mit geringer Verschuldung kann zwar langsamer wachsen, aber sie geht auch das geringere Risiko von Insolvenz und finanziellen Engpässen ein. Eine Modemarke, die erhebliches Fremdkapital nutzt, kann aggressiver expandieren, indem sie große Bestellungen aufgibt und Marketingkampagnen finanziert, um Marktanteile zu gewinnen.

Die Entscheidung über die Kapitalstruktur erfordert eine ausgewogene Abwägung der kurzfristigen und langfristigen Ziele einer Modemarke. Die optimale Kapitalstruktur muss sorgfältig geplant und analysiert werden, um die finanzielle Stabilität und Rentabilität sicherzustellen, gleichzeitig aber auch das finanzielle Risiko und die Wachstumsstrategie zu berücksichtigen. Eine gründliche Analyse der Marktsituation und der langfristigen Unternehmensziele ist unerlässlich, um die richtige Balance zu finden.

2.2. Sachfrage 2: die Risikotoleranz eines Unternehmens

1. Definition der Risikotoleranz:

Die Risikotoleranz eines Unternehmens ist die Bandbreite von Risiken, die es bereit ist zu akzeptieren, um seine strategischen Ziele zu erreichen. Generell wird unter dem Begriff „Risiko" im Kontext des betrieblichen Risikomanagements die Gefahr eines Unternehmens, im Rahmen der laufenden Geschäftstätigkeit finanzielle Verluste zu erleiden (Vgl. Bitz, 2000, S.13). Vereinfacht gesagt besagt die Risikotoleranz eines Unternehmens also das Maß an Risiko, was es bereit ist, zur Erreichung langfristiger Ziele einzugehen. Die Risikotoleranz eines Unternehmens hängt von verschiedenen Faktoren ab, darunter die Unternehmenskultur, die finanzielle Stärke, die Branche und die Marktbedingungen. Folgend werden diese Faktoren genauer erläutert.

2. Einflussfaktoren auf die Risikotoleranz:

- **Finanzielle Stärke:** Unternehmen mit einer soliden finanziellen Basis und hohen liquiden Mitteln sind oft besser in der Lage, höhere Risiken bei Investitionen einzugehen, da sie finanzielle Puffer haben, um eventuelle Verluste abzufedern.

- **Branchenbedingungen:** Die Risikotoleranz kann von der Volatilität und den spezifischen Herausforderungen der Branche beeinflusst werden. In einigen Branchen, wie der Technologiebranche, sind Unternehmen möglicherweise bereit, höhere Risiken einzugehen, um Wachstum und Innovation voranzutreiben.

- **Strategische Ziele:** Die strategischen Ziele eines Unternehmens spielen eine entscheidende Rolle bei der Festlegung der Risikotoleranz. Wenn ein Unternehmen beispielsweise Marktanteile gewinnen oder in neue Märkte expandieren möchte, kann es bereit sein, größere Risiken bei Investitionen einzugehen.

- **Marktlage:** Die aktuellen Marktbedingungen und die wirtschaftliche Lage können die Risikobereitschaft beeinflussen. In wirtschaftlich unsicheren Zeiten sind Unternehmen oft vorsichtiger und akzeptieren geringere Risiken.

3. Auswirkungen der Risikotoleranz:

- **Potenzieller Ertrag:** Eine höhere Risikobereitschaft kann höhere potenzielle Erträge bedeuten. Investitionen mit höherem Risiko können in der Regel auch eine höhere Rendite bieten, wenn sie erfolgreich sind.

- **Verlustpotenzial:** Ein höheres Risiko bedeutet auch ein größeres Verlustpotenzial. Unternehmen müssen sich bewusst sein, dass sie bei riskanten Investitionen Verluste erleiden können.

- **Langfristige Stabilität:** Die Risikotoleranz beeinflusst die langfristige Stabilität eines Unternehmens. Übermäßige Risiken können die finanzielle Gesundheit gefährden und langfristige strategische Ziele gefährden.

2.2.1. Verdeutlichung der Risikotoleranz am Beispiel einer Modemarke:

Folgend wird eine mögliche Vorgehensweise eines Modeunternehmens mit hoher Risikotoleranz mit einem solchen mit geringerer Risikotoleranz gegenübergestellt.

Unternehmen 1: Hohe Risikotoleranz (aufstrebende, trendige Modemarke):

1. **Produktinnovation und Design:** Eine Modemarke mit hoher Risikotoleranz wird dazu neigen, innovative und trendige Designs zu fördern. Sie ist bereit, Risiken in Bezug auf neue Stilrichtungen und Materialien einzugehen, um sich von der Konkurrenz abzuheben.

2. **Preisgestaltung:** Das Unternehmen ist bereit, variablere Preisstrategien zu verwenden, einschließlich saisonaler Rabatte oder Blitzverkäufe, um die Nachfrage anzukurbeln und eine größere Kundenbasis zu erreichen.

3. **Expansion und Diversifikation:** Die Marke wird aggressiver in neue Märkte expandieren und sich in verwandte Bereiche wie Schuhe oder Accessoires vorwagen.

4. **Marketing und Werbung:** Es werden innovative und möglicherweise kontroverse Marketingkampagnen genutzt, um Aufmerksamkeit zu erregen und Viralität zu erreichen.

5. **Finanzielle Hebelwirkung:** Eine solche Marke wird sich für Fremdkapitalaufnahme entscheiden, um schneller zu wachsen, auch wenn dies das finanzielle Risiko erhöht.

Unternehmen 2: Niedrigere Risikotoleranz (etablierte, klassische Modemarke):

1. **Produktinnovation und Design:** Die Marke mit niedriger Risikotoleranz setzt auf bewährte Designs und zeitlose Stile, um das Risiko von Geschmacksveränderungen in der Modewelt zu minimieren.

2. **Preisgestaltung:** Es werden stabile Preise und begrenzte Rabatte angeboten, um das exklusive Image zu bewahren.

3. **Expansion und Diversifikation:** Die Marke zögert, in neue Märkte oder Produktkategorien einzutreten, um das Risiko von Markteintrittsfehlern zu minimieren.

4. **Marketing und Werbung:** Die Marketingstrategie wird eher konservativ und auf die Pflege des bestehenden Markenimages ausgerichtet sein, um einen konsistenten Kundenstamm zu bewahren.

5. **Finanzielle Hebelwirkung:** Verfolgung einer konservativen finanziellen Politik. Das Konzept stützt sich auf Cash-Reserven und Eigenkapital, um finanzielle Stabilität zu gewährleisten.

Aufgabe 3

3.1. Das Life Cycle Costing aus Produzentensicht

Die Lebenszykluskostenrechnung, auch als Life Cycle Costing (LCC) bekannt, ist ein umfassendes Konzept zur Berechnung der Gesamtkosten eines Produktes oder einer Anlage über seinen gesamten Lebenszyklus hinweg (Ebert & Steinhübel, 2020, S.255). Dieses Konzept ermöglicht es Unternehmen, nicht nur die unmittelbaren Anschaffungskosten zu berücksichtigen, sondern auch alle damit verbundenen Kosten über die gesamte Nutzungsdauer hinweg zu analysieren. Die Lebenszykluskostenrechnung ist besonders nützlich, um fundierte Entscheidungen bei der Produktentwicklung, Beschaffung, Wartung und Entsorgung zu treffen.

3.1.1. Phasen des Produktlebenszyklus:

Die Lebenszykluskostenrechnung berücksichtigt in der Regel die folgenden Phasen im Lebenszyklus eines Produktes (Ebert & Steinhübel, 2020, S.257)

- **Entwicklung:** In dieser Phase fallen Kosten für die Forschung, Entwicklung und Konstruktion an.
- **Beschaffung/Produktion:** Dies umfasst die Kosten für die Herstellung, Materialien, Arbeitskosten und den Produktionsprozess.
- **Nutzung/Betrieb:** Während dieser Phase werden Betriebskosten wie Energieverbrauch, Wartung, Reparaturen und Personalkosten berücksichtigt.
- **Instandhaltung/Reparatur:** Dies sind die Kosten für die Instandhaltung und Reparatur des Produktes oder der Anlage im Laufe der Zeit.
- **Entsorgung/Abbau:** Hier werden die Kosten für die Entsorgung, das Recycling oder den Abbau des Produktes am Ende seiner Nutzungsdauer betrachtet.

3.1.2. Kostenkomponenten:

Unternehmen analysieren die Lebenszykluskosten, indem sie verschiedene Kostenkomponenten identifizieren und quantifizieren. Folgend werden die wesentlichen Kostenkomponenten genannt und erklärt (Ebert & Steinhübel, 2020, S.257).

- **Anschaffungskosten:** Kosten, die zur Herstellung oder zum Erwerb des Produktes entstehen.

- **Betriebskosten:** Die Kosten für den täglichen Betrieb, einschließlich Energie, Wartung und Personal.
- **Instandhaltungskosten:** Kosten für geplante oder ungeplante Instandhaltung und Reparaturen.
- **Energiekosten:** Die Kosten für den Energieverbrauch im Betrieb des Produktes.
- **Entsorgungskosten:** Kosten im Zusammenhang mit der Entsorgung oder dem Recycling des Produktes am Ende seiner Lebensdauer.
- **Finanzierungskosten:** Die Zinsen oder Kapitalkosten, die mit der Finanzierung des Produktes oder der Anlage verbunden sind.

Kostenschätzung und -analyse:

Die Lebenszykluskostenrechnung erfordert oft die Schätzung dieser Kostenkomponenten über die gesamte Lebensdauer des Produktes oder der Anlage. Dies erfordert eine sorgfältige Analyse und Berücksichtigung von Annahmen, wie zum Beispiel die erwartete Lebensdauer des Produktes oder die zukünftigen Instandhaltungsanforderungen.

Entscheidungsfindung:

Die Informationen aus der Lebenszykluskostenrechnung werden verwendet, um fundierte Entscheidungen im gesamten Produktlebenszyklus zu treffen. Dies kann die Wahl zwischen verschiedenen Produktalternativen, die Entscheidung zur Wartungsfrequenz oder die Festlegung der Lebensdauer eines Produktes betreffen. Unternehmen können auch die Auswirkungen von Investitionen in höhere Qualität oder energieeffizientere Produkte auf die Gesamtkosten bewerten.

3.2. Lebenszykluskostenrechnung aus Kundensicht:

Die Lebenszykluskostenrechnung aus Kundensicht beinhaltet die Berücksichtigung aller mit einem Produkt oder einer Dienstleistung verbundenen Kosten über die gesamte Nutzungsdauer hinweg. Kunden nutzen diese Methode, um zu verstehen, wie viel ein Produkt oder eine Dienstleistung sie über die Zeit hinweg kosten wird, und um fundierte Kaufentscheidungen zu treffen.

3.2.1. Phasen im Produktlebenszyklus:

Kunden betrachten den Lebenszyklus eines Produkts oder einer Dienstleistung in der Regel aus folgenden Perspektiven (vgl. Wübbenhorst, 1984, S. 71).

- **Beschaffung:** Dies ist die Phase, in der der Kunde das Produkt oder die Dienstleistung erwirbt. Dies beinhaltet den Kaufpreis sowie eventuelle Transaktions- oder Lieferkosten.
- **Nutzung:** Während dieser Phase fallen Kosten für die regelmäßige Nutzung des Produkts oder der Dienstleistung an. Dies kann den Energieverbrauch, Wartungs- und Reparaturkosten sowie Betriebskosten wie Treibstoff oder Wasser umfassen.
- **Instandhaltung:** Kunden müssen möglicherweise Wartungsarbeiten oder Reparaturen durchführen, um die optimale Leistung des Produkts aufrechtzuerhalten. Hierbei entstehen Kosten für Ersatzteile, Arbeitskosten oder die Inanspruchnahme von Dienstleistungen.
- **Entsorgung/Ende der Nutzung:** Am Ende der Nutzungsdauer muss der Kunde möglicherweise Kosten für die Entsorgung, das Recycling oder die Entsorgung des Produkts tragen.

3.2.2. Kostenkomponenten aus Kundensicht

Folgend werden den einzelnen Phasen die jeweiligen Kostenkomponenten zugeordnet (vgl. Wübbenhorst, 1984, S. 71).

- **Anschaffungskosten:** Dies sind die Kosten für den Kauf des Produkts oder der Dienstleistung.
- **Betriebskosten:** Dies umfasst die Kosten, die während der Nutzung des Produkts anfallen, wie Energieverbrauch, Betriebsmaterialien und Wartungskosten.
- **Instandhaltungskosten:** Hierbei handelt es sich um Kosten für geplante Wartungsarbeiten und eventuelle Reparaturen.
- **Energiekosten:** Die Kosten für den Energieverbrauch im Zusammenhang mit dem Produkt.
- **Entsorgungskosten:** Dies sind die Kosten für die Entsorgung oder das Recycling des Produkts am Ende seiner Lebensdauer.

Kostenschätzung und -analyse aus Kundensicht

Kunden müssen die Kostenkomponenten über die gesamte Lebensdauer hinweg schätzen und analysieren. Dies kann auf Grundlage von Annahmen, historischen Daten oder Ratschlägen von Experten erfolgen. Die Analyse sollte auch die Berücksichtigung des Zeitwerts des Geldes beinhalten, um zukünftige Kosten auf ihren heutigen Wert abzuzinsen.

Entscheidungsfindung aus Kundensicht

Basierend auf den Informationen aus der Lebenszykluskostenrechnung können Kunden fundierte Kaufentscheidungen treffen. Sie können Produkte oder Dienstleistungen vergleichen, um diejenigen auszuwählen, die ihnen über die Zeit hinweg die geringsten Gesamtkosten bieten. Kunden könnten beispielsweise ein energieeffizientes Haushaltsgerät auswählen, weil es trotz höherer Anschaffungskosten aufgrund seiner geringeren Energiekosten über die Zeit hinweg kostengünstiger ist.

Vorteile aus Kundensicht

Das Abwägen der Lebenszykluskosten eines Produkts oder einer Dienstleistung hat folgende Vorteile für einen Kunden

- **Kostentransparenz:** Kunden erhalten eine bessere Vorstellung von den langfristigen Kosten eines Produkts oder einer Dienstleistung, was ihnen hilft, Budgets zu erstellen und finanzielle Entscheidungen zu treffen.
- **Nachhaltigkeit:** Kunden können nachhaltigere Entscheidungen treffen, indem sie Produkte auswählen, die über die Zeit hinweg weniger Ressourcen verbrauchen und weniger Umweltauswirkungen haben.
- **Wertbetrachtung:** Die Lebenszykluskostenrechnung ermöglicht es Kunden, den Wert eines Produkts oder einer Dienstleistung in Bezug auf ihre langfristigen Bedürfnisse und finanziellen Ziele zu bewerten.

3.3. Life Cycle Costing am Beispiel einer Modemarke

Produzentensicht (Modemarke):

Eine Modemarke plant die Einführung einer neuen Linie von nachhaltiger Kleidung, die umweltfreundlich hergestellt wird.

1. Entwicklungsphase: Die Modemarke investiert in die Entwicklung von umweltfreundlichen Materialien, Designs und Produktionsprozessen. Es fallen Kosten für Forschung, Design und Prototypenherstellung an.

2. Herstellungsphase: Hier entstehen Kosten für die Beschaffung von nachhaltigen Materialien, die Produktion der Kleidung und die Arbeitskraft in den Produktionsstätten. Dies umfasst Materialkosten, Arbeitskosten und Produktionskosten.

3. Marketing und Vertrieb: Die Marke investiert in Marketingkampagnen, um die umweltfreundliche Botschaft zu verbreiten, sowie in Vertriebskanäle und den Aufbau von Partnerschaften. Diese Kosten umfassen Werbung, PR und Verkaufsförderung.

4. Betriebsphase: Dies umfasst Kosten für die laufende Verwaltung der Produktionsprozesse, Qualitätssicherung und Kundensupport. Es könnten auch Kosten für Schulungen des Personals in nachhaltigen Praktiken entstehen.

5. Instandhaltungsphase: Die Modemarke plant die langfristige Pflege ihrer nachhaltigen Produktionsanlagen, um eine konstante Produktqualität sicherzustellen. Dies kann Wartungskosten und Kosten für Ersatzteile einschließen.

6. Entsorgung oder Recycling: Die Marke plant die umweltfreundliche Entsorgung oder das Recycling von nicht verkauften oder zurückgegebenen Produkten am Ende ihrer Lebensdauer.

Käufersicht:

Ein Kunde interessiert sich für den Kauf von Kleidung dieser Modemarke. Er betrachtet die Lebenszykluskosten aus seiner Perspektive:

- **Anschaffungskosten:** Er berücksichtigt den Kaufpreis der nachhaltigen Kleidung im Vergleich zu Kleidungsstücken anderer Marken.

- **Betriebskosten:** Der Kunde schätzt die Kosten für die Pflege der Kleidung, darunter Waschen, Trocknen und gegebenenfalls Reparaturen. Nachhaltige Kleidung hat möglicherweise spezielle Pflegeanforderungen.

- **Finanzierungskosten:** Er überlegt, ob sie die Kleidung sofort bezahlen kann oder ob er sie finanzieren muss, was zusätzliche Zinsen bedeuten könnte.

- **Langlebigkeit und Wiederverwendung:** Der Kunde berücksichtigt die Haltbarkeit der Kleidung und die Möglichkeit, sie über einen längeren Zeitraum zu tragen oder weiterzuverkaufen, um den Wert zu erhalten.

Die nachhaltige Kleidung dieser Modemarke kostet im Durchschnitt 20% mehr als herkömmliche Kleidung. Er schätzt jedoch, dass sie aufgrund der hochwertigen Materialien und Verarbeitung länger hält und weniger anfällig für Verschleiß ist. Der Kunde rechnet damit, dass sie die nachhaltige Kleidung länger tragen kann, bevor sie ersetzt werden muss.

Wenn er die Lebenszykluskosten betrachtet, erkennt er, dass die nachhaltige Kleidung, obwohl teurer in der Anschaffung, über die Zeit hinweg kostengünstiger ist, da sie weniger häufig ersetzt werden muss und weniger Pflege erfordert. Darüber hinaus schätzt er den Beitrag zur Nachhaltigkeit und Umweltfreundlichkeit der Marke, was seine Kaufentscheidung weiter stärkt.

In diesem Beispiel wird verdeutlicht, wie eine Modemarke die Lebenszykluskostenrechnung nutzt, um nachhaltige Produkte zu entwickeln und zu produzieren, während der Kunde diese Kosten berücksichtigt, um fundierte Kaufentscheidungen zu treffen, die sowohl finanziell als auch ökologisch sinnvoll sind.

Fachliteratur

Bitz, H. (2000). *Risikomanagement nach KonTraG. Einrichtung von Frühwarnsystemen zur Effizienzsteigerung und zur Vermeidung persönlicher Haftung.* Stuttgart: Schäffer-Poeschel.

Coenenberg, A., T.M., F., & T., G. (2016). *Kostenrechnung und Kostenanalyse. 9. Aufl.* Stuttgart: Schäffer-Poeschel.

Ebert, G., & Steinhübel, V. (2020). *Kosten- und Leistungsrechnung.* Nürtingen: Springer Gabler.

Leopold, G., & Frommann, H. (1998). *Eigenkapital für den Mittelstand. Venture Capital im In- und Ausland.* München: Beck Juristischer Verlag.

Macha, R. (2006). *Deckungsbeitragsrechnung (3. Aufl.).* München: Rudolf Haufe.

Mumm, M. (2015). *Kosten- und Leistungsrechnung. Internes Rechnungswesen für Industrie und Handelsbetriebe.* Hamburg: Springer Gabler.

Olfert, K., & Rahn, H.-J. (2008). *Einführung in die Betriebswirtschaftslehre.* NWB Verlag.

Weber, J., & Schäffer, U. (2014). *Einführung in das Controlling, 14. Auflage.* Stuttgart: Schäffer-Poeschel Verlag.

Wöhe, G., & U., D. (2008). *Einführung in die Allgemeine Betriebswirtschaftslehre.*

Wübbenhorst, K. (1984). *Lebenszykluskosten.*

Internetquellen

Gabler Wirtschaftslexikon. (2018). *Vollkostenrechnung.* Abgerufen am 15. 10 2023 von https://wirtschaftslexikon.gabler.de/definition/vollkostenrechnung-47146

BEI GRIN MACHT SICH IHR WISSEN BEZAHLT

- Wir veröffentlichen Ihre Hausarbeit,
  Bachelor- und Masterarbeit

- Ihr eigenes eBook und Buch -
  weltweit in allen wichtigen Shops

- Verdienen Sie an jedem Verkauf

Jetzt bei www.GRIN.com hochladen und kostenlos publizieren